AF174340

¡Sssssshhhhhhhhhhh!

Haz del teatro algo íntimo

Llévalo siempre en el bolsillo

Cubierta y diseño editorial: Éride, Diseño Gráfico
Dirección editorial: ángel jiménez
Coordinación de la colección: Javier Llanos

Primera edición: febrero, 2024

Clitemnestra
© José María del Castillo
© VdB, 2024
Espronceda, 5
28003 Madrid

VdB®

ISBN: 978-84-19850-35-5
Depósito Legal: M-4347-2024
Diseño y preimpresión: Éride, Diseño Gráfico.

Cualquier forma de reproducción, distribución, comunicación pública
o transformación de esta obra solo puede ser realizada con la autorización
de sus titulares, salvo excepción prevista por la ley. Diríjase a CEDRO
(Centro Español de Derechos Reprográficos, www.cedro.org) si necesita
fotocopiar o escanear algún fragmento de esta obra.

Todos los derechos reservados.

VdB® es una marca registrada de Éride, S.L.

 Este libro protege el entorno

Clitemnestra

Esta obra se representó dentro de la programación
de la 69a edición del Festival Internacional
de Teatro Clásico de Mérida.

Dirección: Jesús Cimarro.

¡Gracias Eva! Pilar sobre el que construir esta obra.
Gran conocedora del universo clásico,
inspiración, apoyo, empuje
y, sobre todo, gran AMIGA.

© Paco Navarro

José María del Castillo.

Académico de las Artes Escénicas de España, actor, director y productor natural de Sevilla. Licenciado en Interpretación Textual en la Escuela Superior de Arte Dramático de Sevilla, licenciado en Comunicación Audiovisual en la Facultad de Ciencias de la Información de Sevilla, Canto en el Conservatorio de Música de Mairena del Aljarafe de Sevilla y Master de Interpretación ante la Cámara en la Central de Cine de Madrid. Por otra parte, desarrolla amplios conocimientos en danza en diferentes escuelas privadas en Sevilla, Madrid y Barcelona. Profesor de Interpretación Musical en la Escuela Superior de Arte Dramático de Málaga (ESAEM), profesor de Interpretación Musical y Canto en la escuela SCAENA de Víctor Ullate Roche en Madrid, y profesor invitado en la carrera de Musicología, en la Universidad Complutense de Madrid (Facultad de Geografía e Historia) para la asignatura de «Gestión y Patrimonio Musical».

En 2011 crea su propia compañía teatral, Coribante Producciones, donde escribe y dirige los espectáculos -*ADAS*, *Brujas Madrinas*, *¡Qué Cosas Tiene la Vida!*, *El Cofre de los Deseos* y *Delirios & Martirios*. En el medio audiovisual ha escrito y dirigido el cortometraje *Sentidas Condolencias*. Posteriormente, escribe y dirige el espectáculo *Líbera*, estrenada en el FEST (Festival Internacional de las Artes Escénicas de Sevilla) en enero de 2017.

En el verano de 2020, *Clitemnestra* participó en el 66 Festival Internacional de Teatro Clásico de Mérida con lleno en todas sus funciones y gran éxito de crítica y público. En el 2023, *Clitemnestra* vuelve a estar programada dentro del marco del Festival Internacional de Teatro Clásico de Mérida en su 69 edición.

José María del Castillo

Clitemnestra

basada en los textos de
Eurípides, Sófocles y Esquilo.

Esta función se estrenó en el Teatro María Luisa, de Mérida,
(en la 69a edición del Festival Internacional de Teatro Clásico de Mérida)
el 29 de julio de 2023, interpretada por Cristina Castaño (CLITEMNESTRA),
Ángeles Rusó (IFIGENIA/ÁGLAE), Camino Miñana (ELECTRA/TALÍA),
Daniel Moreno (EGISTO/MEDARDO), Benjamín Leiva (AGAMENÓN/LISARDO)
y Sonia Franco (CASANDRA/EUFROSINE).

Dirección: José María del Castillo.
Música original: Alejandro Cruz Benavides.

A modo de prólogo

Los mitos clásicos, heredados de los griegos, siguen gritándonos desde los oscuros y lejanos días de su nacimiento. Esas voces nos convulsionan y estremecen haciéndonos preguntas y más preguntas. Ellos son capaces de adentrarnos en los más complejos recovecos de la condición humana porque su época aún permanece vigente.

Y así, mientras van pasando los tiempos, los siglos, las generaciones, las civilizaciones, ellos continúan vivos en la espesura de la noche. Están al acecho, siempre atentos a desvelar nuestros frágiles y fantasmagóricos sueños contemporáneos y descubrirnos su grandeza e inmensidad.

Los artistas, de las más diversas facetas, los revisitan una vez tras otra. Buscan deliberadamente reencontrarse con ellos, inspeccionarlos, dialogar, tratar de entenderlos y exprimirlos. Y lógicamente cada uno desde su propia faceta y personalidad creadora. Pero siempre intentando transitarlos por caminos insospechados para colocarlos ante los ojos del espectador actual. En este caso tenemos una *Clitemnestra* teatral, que se apoya, como no podía ser de otro modo, en los textos fundacionales de Eurípides, Sófocles y Esquilo.

Hay quien busca la fidelización de las tragedias desde una perspectiva clásica, o pretendidamente clásica, a través de una veneración a los textos y a las puestas en escena a imitación de un teatro antiguo imaginado. No es el caso de esta *Clitemnestra* de José María del Castillo, el cual, muy atento al tiempo que le ha tocado vivir, ha creado una pieza donde enfoca este mito desde un hoy palpitante y radical. Una apuesta atrevida que no dejará indiferente al lector o espectador.

José María atrapa a esa mujer humillada, perdida en sus desgracias y cuitas amorosas, enfrentada al esposo, a la vida, al asesinato, a la muerte... Y la impulsa, conscientemente, a reencontrarse y reconstruirse desde el pensamiento actual de una mujer libre, como si el personaje fuera revestido por los ropajes del mito y, por fin, necesitara arrancárselos de una vez por todas.

Nuestro autor se suelta de cualquier amarra, huye, y articula un discurso radicalmente comprometido con el hoy. Ha decidido escapar de la Grecia clásica, de las pulcras lecturas renacentistas o de las más exaltadas románticas, para colocar a su heroína, embriagada de pasión, en este mundo cambiante donde nos movemos. En él le aguarda una revolución femenina y feminista que le hará ver, analizar y sentir desde otro ángulo esos conflictos que llevan siglos encadenándola. Porque su historia es «una historia escrita por hombres» nos dice, y ante la que nuestro autor se rebela, y se lanza decidido a liberarla de su tragedia.

Para ello se apoya lógicamente en los protagonistas principales que confluyen en torno al mito: su marido Agamenón, el héroe de la guerra de Troya, su historia de amor con Egisto y sus hijas Ifigenia y Electra. Pasando el coro a tener una transcendencia fundamental en la pieza. Un coro que de forma ambivalente a veces se atomiza en un buen número de personajes sin perder su concepto coral, narra, opina, interpela, establece diálogos o vertiginosas letanías…

Es importante reseñar el carácter que destila la obra al mirar de reojo el musical, no en vano empieza con una canción y prácticamente termina con otra. Las canciones, ocho en total, junto con otras coreografías, establecen puentes de conexión o ruptura a lo largo de esta narrativa dramática. Músicas, canciones y coreografías han sido dispuestas quizá como refugio para el espectador, ante la inhumana tragedia de *Clitemnestra*.

La obra la divide nuestro autor en dieciséis pequeñas escenas con títulos concretos sobre el tema o la situación que se desarrollará en ellas, y podríamos organizarlas en tres partes o bloques.

En la primera de ellas, y desde su inicio, José María del Castillo deja claro sus propósitos para esta su versión: «Huyamos de estúpidas etiquetas que desde hace siglos llevamos soportando…», o, «Reconozcamos el machista error… para evitar que vuelva a suceder.» «Vamos a desmontar una de las grandes figuras de la antigüedad, ¡Clitemnestra!, condenada siempre…».

Conoceremos la historia de la protagonista. Una Clitemnestra que ha tomado una conciencia contemporánea: «soy una mujer… ¿y por eso tengo que callar?». «¿En qué momento dejé de ser libre?». «Reivindico mi derecho a decidir». Nos la encontramos ante su hija Ifigenia. Y sobre todo en su relación amorosa con Egisto, una de las que más literatura ha provocado, por la particularidad y desarrollo de la misma.

A continuación, tendríamos una segunda parte, que es un canto a la libertad sexual. Una visión desde un tiempo presente donde una Clitemnestra reivindicativa y apasionada nos grita: «¡El sexo es liberación!». Y desde ahí se lanza el coro y los personajes que lo pueblan a jugar en los límites de eros y siempre desde la premisa enunciada por la protagonista. La pieza pasa entonces a una cierta relajación, como un paréntesis de felicidad de los cuerpos que será roto por la llegada de Agamenón.

En esa tercera parte, Agamenón, el marido, regresa victorioso de la guerra de Troya con un botín llamado Casandra. La tragedia está servida y no se hará esperar. Y después…, después llegará su hija Electra. La madre le dice: «Yo te diré cuál es mi pecado: no nacer hombre».

Esta *Clitemnestra* de José María del Castillo mantiene a lo largo de la pieza su discurso contemporáneo y de compromiso feminista. Levantándose este, como el asunto principal de la misma. Ahora, ha llegado el momento de adentrarse en él. Degustarlo y disfrutarlo. Adelante.

Alfonso Zurro.

Personajes

CLITEMNESTRA

IFIGENIA

EGISTO

AGAMENÓN

EUFROSINE

ELECTRA

MEDARDO

TALÍA

ÁGLAE

LISARDO

CASANDRA

 4 2

1. Prólogo

Canción «Soledad»

Soledad de un alma sola.
Soledad de gritar callando.
Soledad de silencio negro.
Soledad con andar cansado.

¡Enséñame las marcas que te oprimen!
¡Enséñame los golpes que te tumban!
Tú, que enmudeces día a día,
Castigo de una vergüenza sin culpa.

Soledad llena de zarzales
Que en silencio te desangras.
Soledad con sabor amargo.
Soledad que sola me llamas.

¡Enséñame las marcas que te oprimen!
¡Enséñame los golpes que te tumban!
Tú, que enmudeces día a día.

Castigo de una vergüenza sin culpa.
Soledad, soledad.

> *(El* Coro *lleva a cabo la purga de los pecados universales. Sus propias vestiduras manchadas simbolizan las faltas, culpas y errores que llevan años arrastrando. La acción transcurre individualmente con sus trajes puestos, lavándolos junto a su propia piel con agua y contra las rocas.)*

ÁGLAE   La Historia de la humanidad...

TALÍA   ¡Hombres y mujeres!

MEDARDO   ¡Mujeres y hombres!

EUFROSINE   Historia de guerras.

LISARDO   Historia de romances.

ÁGLAE   Historia de engaños y sufrimiento.

TALÍA   Historia de lamentos.

MEDARDO   Historia de pasiones y locuras.

LISARDO /EUFROSINE   Historia de evolución.

ÁGLAE   Historia de arte.

TALÍA   De cultura.

MEDARDO   Y de conocimiento.

LISARDO /EUFROSINE /ÁGLAE	¡Nuestra Historia!
TALÍA	¡Mujeres y hombres!
MEDARDO	¡Hombres y mujeres!
TODOS	¡Nuestra Historia!
ÁGLAE	¡Los hombres!
TALÍA	¡Ay, los hombres!
MEDARDO	¡Hombres, siempre hombres!
EUFROSINE	Hombres poderosos.
LISARDO	Hombres masculinos y viriles.
ÁGLAE	Hombres protectores.
TALÍA	Hombres guerreros.
MEDARDO	Hombres paternales.
EUFROSINE	Hombres musculosos.
LISARDO	Hombres sabios.
ÁGLAE	Hombres emprendedores.
TALÍA	Hombres justos.

MEDARDO	Hombres experimentados.
EUFROSINE	Hombres vigorosos.
LISARDO	Hombres rudos.
ÁGLAE	Hombres dominantes.
TALÍA	Hombres decididos.
MEDARDO	Hombres con coraje.
ÁGLAE	Pero, ¿y las mujeres?
TALÍA	¡Ay, las mujeres!
MEDARDO	Mujeres, siempre mujeres.
EUFROSINE	Mujeres femeninas.
LISARDO	Mujeres hermosas.
ÁGLAE	Mujeres madre.
TALÍA	Mujeres útiles.
MEDARDO	Mujeres complacientes.
EUFROSINE	Mujeres resignadas.
LISARDO	Mujeres fáciles.
ÁGLAE	Mujeres delicadas.

TALÍA	Mujeres fértiles.
MEDARDO	Mujeres inocentes.
EUFROSINE	Mujeres trofeo.
LISARDO	Mujeres insaciables.
ÁGLAE	Mujeres florero.
TALÍA	Mujeres sensatas.
MEDARDO	Mujeres serviciales.
EUFROSINE	Mujeres discretas.
LISARDO	Mujeres prudentes.
ÁGLAE	Mujeres calladas.
TALÍA	Mujeres obedientes.
MEDARDO	¡Pero no!
TODOS	¡No!
ÁGLAE /TALÍA /MEDARDO	¡Cuánta falsedad en nuestra Historia!
MEDARDO	¡Huyamos de las estúpidas etiquetas que desde hace siglos llevamos soportando desde que nacemos hasta que morimos!

MUJERES	¡Somos mucho más que eso!
TALÍA	¡Reconozcamos el machista error de tantos siglos, pero no para regocijarnos en el reproche sino para evitar que vuelva a suceder!
TODOS	¡Aprendamos de nuestros errores!
ÁGLAE	¡Fomentemos la diversidad y la pluralidad porque nos hará grandes! ¡Igualdad de derechos y oportunidades, pero infinitas posibilidades de interpretar la vida!
LISARDO /EUFROSINE /MEDARDO	¡Seamos sin la obligación de definir el qué!
TODOS	¡Simplemente «seamos»!
MEDARDO	La Historia está marcada por mujeres y hombres diferentes.
TALÍA	Hombres y mujeres que se enfrentaron a su destino para cambiarlo.
ÁGLAE	Mujeres y hombres que lucharon con su propia naturaleza para reinventarse a ell@s mism@s y servir como inspiración a los demás.
MEDARDO	Hombres y mujeres, a menudo, ...

TODOS	Condenad@s, despreciad@s, humillad@s, desterrad@s, incomprendid@s,...
TALÍA	Considerad@s loc@s por ser diferentes.
EUFROSINE	Por pensar diferente.
LISARDO	Por actuar diferente.
MEDARDO	¡Basta ya de hipocresías y etiquetas!
TALÍA	¡Dejemos de soportar el yugo de una herencia impuesta!
ÁGLAE	¡Permitámonos ver al ser humano en esencia y juzguémoslo por sus actos, no por su condición, su sexo, su raza o sus creencias!
MEDARDO	Valoremos con grandeza al ser humano y encontraremos...
TODOS	¡...nuestra libertad!
ÁGLAE	La historia que a continuación les contamos desmonta una de las grandes figuras de la antigüedad...
TODOS	¡Clitemnestra!
TALÍA	Condenada siempre por los grandes escritores y eruditos de la historia.

MEDARDO   ¿Quién fue realmente esta mujer?

(Cada integrante del coro accionará un momento representativo de la vida de «Clitemnestra» mientras tod@s repiten su nombre. Aparece CLITEMNESTRA.*)*

2. Juicio a Clitemnestra

CLITEMNESTRA	Yo, Clitemnestra, reina de Micenas me presento ante vosotros.
CORO	¡Para ser juzgada!
CLITEMNESTRA	¿Juzgada por qué?
CORO	¡Silencio!
MEDARDO	¡Comencemos!
CORO	¿Quién eres?
CLITEMNESTRA	Clitemnestra, hija de Leda y de Tindáreo, rey de Esparta.
CORO	¿Quién eres?
CLITEMNESTRA	Clitemnestra, hermana de Cástor y Polux y hermana, también, de la bella Helena.
ÁGLAE	¡Helena! Desencadenante de la Guerra de Troya.
CORO	¿Quién eres?

CLITEMNESTRA	Clitemnestra, esposa de Agamenón.
TALÍA	¡El gran héroe Agamenón!
CORO	¿Quién eres?
CLITEMNESTRA	Clitemnestra, madre de Ifigenia, Orestes, Crisótemis y Electra.
MEDARDO	Hijos desterrados, desatendidos y sacrificados.
CORO	¿Quién eres?
CLITEMNESTRA	Clitemnestra, perpetuadora en mi segundo matrimonio del linaje de los átridas.
ÁGLAE /TALÍA /MEDARDO	¡Linaje de héroes!
CORO	¿Quién eres?
CLITEMNESTRA	¡Clitemnestra! Una mujer acusada y condenada por los dedos de la historia.
CORO	¡Silencio!
ÁGLAE	¿Asesinaste a sangre fría y por la espalda a tu esposo Agamenón?
TALÍA	¿Fuiste infiel a tu marido mientras él luchaba en la Guerra de Troya?

MEDARDO	¿Aprovechaste tu posición de poder para seducir a un amante mucho más joven que tú?
EUFROSINE	¿Permitiste que sacrificaran a tu propia hija Ifigenia?
LISARDO	¿Olvidaste tus labores como reina cuando Agamenón corría peligro en la Guerra de Troya...?
TODOS	¡¿...y el pueblo necesitaba un heredero varón?!
ÁGLAE	¿Te entregaste a los brazos de un segundo marido que asesinó sin escrúpulos a tu primer hijo y a tu esposo?
TALÍA	¿Planeaste asesinar a tu marido tras su victoria en la Guerra de Troya para seguir ocupando el trono y ofrecérselo a tu amante Egisto?
MEDARDO	¿Descuidaste tu labor de madre mientras tu esposo luchaba en la Guerra de Troya para rescatar a tu hermana Helena?
ÁGLAE	¿Desterraste a tu único hijo varón..?
LISARDO /EUFROSINE /ÁGLAE	¡Orestes!

Áglae	¿...siendo solo un niño?
Coro	¿Quién eres?
Clitemnestra	Dicen que Clitemnestra, pero ya no estoy segura de quién soy... Me han llamado…
Coro	Adúltera, manipuladora, cruel, asesina, soberbia, egoísta, prostituta, ingrata, terrible, perversa, hechicera, infiel, innoble, violenta, vengativa, codiciosa, tirana, desleal, pérfida...
Clitemnestra	¡Todo eso y mucho más retumba en mis oídos día tras día!
Medardo	Por todo esto, a ojos de la historia...
Coro	Te declaramos…
Clitemnestra	¡Lo sé! Culpable. Pero ¿quién no es víctima de su propia historia?

3. El deseo de ser libre

CLITEMNESTRA   No sé quién es esta «Clitemnestra» de la que tanto habláis. Ni yo misma me reconozco. Soy una mujer... ¿y por eso tengo que callar? (*Pausa.*) ¿En qué momento dejé de ser libre? ¿En qué momento sumaron apellidos innecesarios a mi nombre? ¿En qué momento dejé de ser yo para convertirme en lo que los demás esperaban de mí? Ahora tomo conciencia de la lucha constante que ha significado mi vida. ¿Por qué para mí no estaba permitido pelear por lo que creo? ¿Mi lugar era resignarme a ser usada para conseguir los objetivos de otros? Me han enseñado a susurrar, pero también sé levantar la voz y, como a todo el mundo, me gusta sentir que mi palabra es respetada. Poder discutir e imponer mi criterio...

ÁGLAE   ¡Eso es soberbia...!

CORO   ¡...Y tiranía!

CLITEMNESTRA   Mi criterio es más válido que el de muchos otros que sí son escuchados. ¡Y soberbia y tiranía es menospreciarme por el simple hecho de ser mujer! (*Pausa.*) Moverme con autonomía sin depender de nadie, ¡sin rendir cuentas a nadie! Y poder sentirme segura… aún estando sola. Los años te enseñan a callar mientras vas dejando que se aleje, cada vez más, la mujer que de niña soñaste ser. Lo llaman de muchas formas: «responsabilidad», «tradición», «agradecimiento», «orden natural»… ¡Un yugo que atan a tu cuello para facilitarles a ellos la vida! Y entonces llega la gran obligación. ¡Todas las mujeres tenemos esa deuda con la vida! ¡Ser madres! ¡¿Por qué?! ¿Quién dictamina esa orden?

TALÍA ¿Reniegas de tus hijos?

CLITEMNESTRA ¡Jamás! Pero nunca nadie me dio la opción de decidir. Tampoco a mi madre Leda, ni a mis abuelas, ni al resto de mujeres que han sido obligadas a callar teniendo tanto que decir. ¡Por supuesto que quiero a mis hijos! Duelen mucho como para no quererlos… ¡Pero yo no soy una «ponedora de huevos» como antaño lo fuese mi madre! ¿Realmente esa es mi verdadera naturaleza? ¿Ser una «ponedora de huevos»? ¡NO! Yo tenía sueños y ambiciones y mis hijos han sido mis grandes amores, también han sido mi gran debilidad, mi mayor dolor y mi propia muerte.

TALÍA	Hay mujeres que nunca llegan a ser madres.
CLITEMNESTRA	¡¿Y cómo las trata la Historia?! ¡Demasiado peso sobre tus hombros! No puedes nadar siempre a contracorriente! Y te dejas llevar ¡sí!, te dejas llevar empujada por la sociedad, por la tradición y por tu propio cuerpo hasta que tienes un hijo tuyo...¡para él!, para su orgullo, para su linaje, para su pueblo.
MEDARDO	¿Crees que es pecado querer perpetuar tu especie?
LISARDO	¡Tener un hijo es la mayor grandeza de ser mujer!
CLITEMNESTRA	¡Ese es el problema! ¡El gran engaño! ¡La mayor grandeza de ser mujer NO es ser madre aunque todo tu cuerpo y tu ser te empujen a ello! ¿Por eso tengo que renunciar a todo lo demás? Tener hijos, sí, pero ojalá con las facilidades que tienen los hombres: sin que mi cuerpo se deforme, sin que me destrocen las entrañas y sobre todo sin sentir esa ligazón de por vida que te hace sentir más insoportable su dolor que el tuyo propio. ¡Y no os confundáis! Desde aquí no reniego del maravilloso don de la maternidad, ¡reivindico mi derecho a decidir! Reivindico mi derecho a conservar mi autonomía sin

detener mi vida… Lamentablemente, hoy me doy cuenta de que todo hubiese sido más fácil si hubiese nacido hombre.

4. La partida de Ifigenia

CLITEMNESTRA *despide a* IFIGENIA *antes de su partida. Una esclava peina a* IFIGENIA.

MEDARDO /LISARDO	Ifigenia está en sus aposentos.
IFIGENIA	¡Madre, no quiero irme!
CLITEMNESTRA	¡No temas, Ifigenia! Todo va a ir bien.
IFIGENIA	No estoy preparada para formar una familia yo sola.
CLITEMNESTRA	¡Vas a ser la esposa más hermosa de toda Grecia!
IFIGENIA	¡La esposa de un hombre que ni siquiera conozco!
CLITEMNESTRA	Ser hija de reyes conlleva una responsabilidad, no solo privilegios ¡no lo olvides! Pero también es un gran honor.
IFIGENIA	Es demasiado pronto para…

CLITEMNESTRA   (*Cortándola.*) ¡Lo sé, Ifigenia! (*Pausa.*) ¡Lo sé! (*La besa.*) Pero tu padre lo ha decretado de esta manera. Confía en él, siempre ha querido lo mejor para ti.

(*Pausa.* CLITEMNESTRA *coloca un velo a* IFIGENIA.)

IFIGENIA   ¿Tú quieres a padre?

CLITEMNESTRA   Sí.

(*Silencio.*)

IFIGENIA   ¿Cómo pudiste perdonar lo que hizo a tu primer hijo y a tu primer marido?

CLITEMNESTRA   Tu padre ha cambiado. ¡Se equivocó, pero ha cambiado! A veces los hombres tampoco tienen opción. (*Silencio.*) Yo siempre estuve enamorada de tu padre Agamenón, pero como hija de reyes me obligaron a casarme con Tántalo.

IFIGENIA   ¡Como yo!

CLITEMNESTRA   Lo sé, Ifigenia, pero Aquiles es un buen hombre. Confío en que llegarás a ser feliz a su lado y serás honor y orgullo de tu familia.

IFIGENIA   ¿Y si no le gusto? ¿Y si no soy lo que espera y os decepciono?

CLITEMNESTRA   Ifigenia, ¿cómo no vas a gustarle a Aquiles? ¡Mírate! (*Señala el reflejo de* IFIGENIA *en el espejo.*) ¡Caerá rendido a tus pies lamentándose por no haber venido a pretenderte antes!

IFIGENIA   Padre ni siquiera me ha preguntado.

(*Pausa.*)

CLITEMNESTRA   ¿Te cuento algo? Cuando mi padre concertó mi boda con Tántalo, mi primer marido, me encerré en mi habitación y lloré desconsolada. El día de mi boda, mi madre, Leda, vino y me miró como yo hoy te miro a ti... ¡con orgullo! Por tener una hija fuerte y valiente. Entonces me dio esta sortija que jamás me he quitado hasta el día de hoy (*Se quita un anillo y se lo pone a* IFIGENIA). ¡Apriétalo fuerte cuando te sientas perdida! ¡Nunca olvides quien eres ni de donde vienes! Hoy una parte de mí se va contigo.

Canción «¿Dónde vas?»

¿Dónde vas sin rumbo?
¿Dónde vas?
¿Dónde vas tan sola?
Dime, ¿dónde vas?

Se la llevó un mar sin oleaje.
Se la llevó un viento sin adiós.
Se la llevaron lejos de su madre.
Se la llevó una culpa sin perdón.

¿Dónde vas?,
¿dónde vas?
Dime, ¿dónde vas?

5. El engaño de Agamenón

MEDARDO   Y así Ifigenia viajó de Micenas al Áulide para encontrarse con su padre y desposarse con Aquiles.

TODOS   ¡Pero la historia no fue así!

EUFROSINE   Agamenón le escribió una carta a Clitemnestra exponiendo esta falsa realidad.

ÁGLAE   Agamenón y su hermano Menelao, con toda su flota en el puerto de Áulide, esperaban vientos favorables para partir a la Guerra de Troya.

LISARDO   Agamenón encolerizó a la diosa Artemis y esta no les permitía salir del puerto.

TALÍA   Agamenón preguntó al adivino Calcante y la única opción era sacrificar a su hija más hermosa, Ifigenia, en nombre de la diosa Artemis.

MEDARDO   Agamenón urdió el engaño y envió una carta a Clitemnestra para que Ifigenia fuera al Áulide a preparar sus nupcias con Aquiles.

TODOS   ¡Y allí Agamenón... la sacrificó!

6. Ifigenia sacrificada

Canción «¿Dónde vas?» (*Continuación.*)

Se la llevaron míseras miradas,
Mentiras sin raíces ni lealtad.
Se la llevaron cobardes espadas.
Se la llevaron culpas sin piedad.

¿Dónde vas sin rumbo?
¿Dónde vas?
¿Dónde vas tan sola?
Dime, ¿dónde vas?

CLITEMNESTRA   ¿Qué significa una hija para una madre?

CORO   ¡Todo!

CLITEMNESTRA   Yo te vestí para salir a tu perdición ¡Engañada! Yo te animé a aceptar ese enlace funesto ¡Engañada! Yo te cubrí de jazmines para unas nupcias que nunca llegarías a disfrutar porque fuimos ¡Engañadas! ¡Engañadas una y mil veces por Agamenón!

MEDARDO   ¡Clitemnestra, guarda tus desprecios al hablar de uno de los grandes héroes que ha dado Grecia!

CLITEMNESTRA	¡Una y mil veces engañada por él! ¡Por Agamenón! ¡Engañada, siempre engañada! No se puede aceptar ser madre como algo efímero. ¡Necesito morir también! Por lealtad, por no traicionarte, para no abandonarte... Ifigenia.
CORO	¡Ifigenia!
CLITEMNESTRA	Mi hija.
CORO	¡Ifigenia!
CLITEMNESTRA	¡Su hija!
CORO	¡Ifigenia!
CLITEMNESTRA	Sin vida.
CORO	¡Ifigenia!
CLITEMNESTRA	En el Hades.
CORO	¡Ifigenia!
CLITEMNESTRA	Sin vejez.
CORO	¡Ifigenia!
CLITEMNESTRA	Sin futuro.
CORO	¡Ifigenia!

CLITEMNESTRA   Sin descendencia.

CORO   ¡Ifigenia!

CLITEMNESTRA   Sacrificada.

CORO   ¡Ifigenia!

CLITEMNESTRA   Utilizada.

CORO   ¡Ifigenia!

CLITEMNESTRA   Desprotegida.

CORO   ¡Ifigenia!

CLITEMNESTRA   Condenada sin culpa.

CORO   ¡Ifigenia!

CLITEMNESTRA   Arrebatada de mis brazos.

CORO   ¡Ifigenia!

CLITEMNESTRA   Desconsuelo de una madre.

CORO   ¡Ifigenia!

CLITEMNESTRA   Prisión de mis dichas.

CORO   ¡Ifigenia!

CLITEMNESTRA   Castigo de mi estirpe.

CORO	¡Ifigenia!
CLITEMNESTRA	Sangre de mi sangre.
CORO	¡Ifigenia!
CLITEMNESTRA	¡Mía!
CORO	¡Ifigenia!
CLITEMNESTRA	¡Solo mía!
CORO	¡Ifigenia!
CLITEMNESTRA	Ifigenia... ¡Yo te maldigo, Agamenón!
MEDARDO	¡Cuidado, Clitemnestra! No pierdas la razón y el autocontrol.
CLITEMNESTRA	¡Sé que me habéis llamado de todo! ¡Lo sé! Cada una de vuestras palabras se han ido clavando en mi orgullo poco a poco. ¡Escuchad! ¡Jamás justificaré mis actos al igual que los hombres no justifican los suyos!
TALÍA	Pero ¿quién es la verdadera Clitemnestra?
CLITEMNESTRA	Soy muchas versiones de mí y una sola. Lamentablemente solo os preguntáis «¿quién es Clitemnestra?», pero pocos os

interesáis por saber «¿qué siente realmente Clitemnestra?». ¡Contentaos con saber que soy vuestra reina! (*Pausa.*) Pero si alguno quiere ir más allá sabed que también soy madre a la que han asesinado dos hijos. ¡Dos hijos asesinados por el mismo hombre! Quizás la locura sea parte de mi estado natural tras estos acontecimientos. ¡Jamás olvidaré ni superaré lo sucedido! ¿Qué clase de madre sería si lo hiciese? No quiero JAMÁS dejar de sentir este dolor, dejar de sentir esta tristeza. ¡No quiero desligarme de ti! Sé que toda madre comprende el porqué de mi sinrazón, esto que algunos llaman «mi falta de cordura».

Canción «Los ojos de mi madre»

Los ojos de mi madre se inundan de vacío.
Los ojos de mi madre se ahogan
En el desconsuelo de un amor «perdío»...
¡No me sueltes, madre!
Que el frío recorre mi cuerpo
Y la oscuridad de la noche se convierte
En guadaña que corta el tiempo.

Dolor y llanto de una madre.
Dolor y muerte en la mentira.
El desconsuelo de mi madre

Que llora por su propia vida.
Dolor y llanto de una madre.
¡Dolor y muerte en la mentira!

(La música continúa instrumental hasta la continuación.)

CLITEMNESTRA   Hoy vuelvo a parirte. Cuando escuché tu muerte volví a tener los dolores que sentí cuando te di a luz. Me tiré al suelo, el dolor físico no me permitía estar de pie. Te parí de nuevo mientras te ibas al otro mundo. Mis entrañas se contraían, mi matriz se desgarraba. No podía más que gritar tirada en el suelo sin saber a qué agarrarme, dónde sujetarme, cómo soportar tanto dolor. ¡Necesito verte y mirarte a los ojos! La locura se apodera de mí. No puedo soportar ver a tus hermanos llorar. Apenas afronto mi dolor, ¿cómo voy a afrontar el de ellos? Los ignoro. Mi locura cobra fuerza. ¿Ya no los quiero? No puedo verlos. No quiero verlos. ¡Que los quiten de mi vista! ¡Que se los lleven! A veces, ante tanto dolor, ante tanta incertidumbre, tengo deseos de estar muerta. El vacío es desgarrador. No consigo sacarte de mí. Todas las semanas, todos los días, todas las horas, tu ausencia está presente, me ronda... me consume.

Canción «Los ojos de mi madre» (*Continuación.*)

¡No te abandones, madre, en esta noche de duelo!
Abraza mi cuerpo y grita mi nombre
Hasta que el día se lleve el miedo.

Dolor y llanto de una madre.
Dolor y muerte en la mentira.
Desconsuelo de mi madre
Que llora por su propia vida.
Los ojos de mi madre se inundan de vacío.
Los ojos de mi madre se ahogan.
Los ojos de mi madre se inundan de vacío.
Los ojos de mi madre se ahogan.

7. La guerra de Troya

CORO   ¡Y comenzó la Guerra de Troya!

MEDARDO   Con el rey Agamenón al frente.

(Número coreográfico para representar la Guerra de Troya. AGAMENÓN, guerra y destrucción. 10 largos años. La guerra y todas sus consecuencias.)

Canción «La guerra de Troya»
(Tema instrumental con texto hablado.)

¡La Guerra de Troya!
Diez años.
Diez largos años.
Odio en el Mediterráneo. Aqueos y troyanos.
Diez años.
Diez largos años.
¡La Guerra de Troya! Muerte. Botines.
Victorias.
Pérdidas.
Violaciones.
Saqueos.

Glorias.
Diez años.
¡La Guerra de Troya!
Diez largos años.

Sangre en el Mediterráneo.
Familias destrozadas.
Muerte y destrucción.

¡La guerra!
Diez años.
Diez largos años.

8. Soledad de Clitemnestra

Aparece EGISTO.

CORO	¡Cuidado, Egisto, primo de nuestro rey Agamenón!
TALÍA	La reina Clitemnestra no está bien después de lo acontecido a su hija Ifigenia... Tiene la mirada...
CORO	Perdida.
TALÍA	Se despreocupa de sus labores como reina y como madre. No sale del palacio.
CORO	¡Confiamos en que la puedas ayudar!
EGISTO	Clitemnestra…
CLITEMNESTRA	¡Vete!
EGISTO	¿Cómo te encuentras?
CLITEMNESTRA	No quiero ver a nadie.

EGISTO	Todos lamentamos lo que le sucedió a tu hija, pero...
CLITEMNESTRA	¿Para qué quiero vivir?
EGISTO	Para muchos eres importante.
CLITEMNESTRA	¿Para mis hijos?
EGISTO	Y para mí. (CLITEMNESTRA *lo mira.*) Prometí a Agamenón que te cuidaría y protegería mientras él estuviera en la guerra. Como primo suyo se lo debo.
CLITEMNESTRA	¡Nada le importa a Agamenón! Solo piensa en su estúpida guerra. *(Pausa.)* Estaré bien.
EGISTO	¿Por qué no me dejas ayudarte? Estás muy sola. Creo que no eres consciente del peligro que se cierne sobre tu casa.
CLITEMNESTRA	¿Qué peligro?
EGISTO	Tu hijo Orestes.
CLITEMNESTRA	¿Orestes? ¿Qué mal puede sucederle?
EGISTO	Mientras Agamenón está luchando en la Guerra de Troya hay un vacío en el poder de Micenas. Se especula sobre intereses por usurpar el trono. Orestes es tu único

hijo varón y aún es un niño. Su vida corre peligro.

CLITEMNESTRA ¡Estoy harta de la sensación de peligro! ¡Harta de tantos intereses y ambiciones por un trono que jamás poseerán!

EGISTO Muchos lo quieren y ven ahora el momento perfecto. Tras la partida de Agamenón el trono está vacío.

CLITEMNESTRA (*Vehemente.*) ¡Vacío no, yo estoy en él! (*Silencio.*) ¿O acaso yo no sirvo para tomar decisiones y gobernar como lo haría el gran Agamenón? (*Silencio.*) ¡Contéstame, Egisto!

EGISTO Por supuesto, mi señora.

(*Pausa.*)

CLITEMNESTRA ¿Duplicando la seguridad en palacio y en los aposentos de Orestes será suficiente?

EGISTO Lo dudo.

CLITEMNESTRA Entonces, ¿qué puedo hacer?

EGISTO Debes alejar a tu hijo Orestes de Micenas antes de que la desgracia vuelva a apoderarse de esta casa.

CLITEMNESTRA	¡Es mi hijo! ¿Cómo lo voy desterrar del palacio y del reino?
EGISTO	Por tu amor hacia él. Por su seguridad.
CLITEMNESTRA	¡De ninguna manera! Conmigo estará seguro, ¡con su madre! ¡Yo lo protegeré! *(Pausa.)* Es solo un niño.
EGISTO	Piénsalo. Como madre debes velar por lo mejor para ellos.
CLITEMNESTRA	Ellos son todo lo que me queda.
EGISTO	Confío en tu buen criterio como reina... y como madre.
CLITEMNESTRA	*(Se rompe.)* ¡Egisto, no puedo asumir más pérdidas!
EGISTO	Solo quiero lo mejor para ti y tus hijos. *(Pausa.)* ¡Piénsalo! *(Va a salir.)*
CLITEMNESTRA	¡Aguarda! *(Pausa.)* Si crees que es lo más seguro para él, lo haré. Con todo mi dolor alejaré a Orestes para salvarlo de este trono maldito. ¡Nadie va a asesinarme otro hijo!
EGISTO	Haces bien. ¡Descansa! *(Va a salir.)*
CLITEMNESTRA	¡Egisto, espera! Quédate. No quiero estar sola.

CORO   ¡Cuidado, Egisto!

TALÍA   ¡Las reinas helenas saben, a través de Nau-
                 plio, que sus maridos están tomando con-
                 cubinas durante la Guerra de Troya!

CLITEMNESTRA   No quiero estar sola...

Canción «Mi cuerpo arde»

Mi cuerpo se quema y arde,
Se enciende y vuelve a arder.
Destruyendo mi prudencia,
Forma ríos de placer. (X2.)

Mi cuerpo es una ciudad en llamas...
Hambrienta, sedienta y en llamas...

¡INCÉNDIAME EL CUERPO!
¡QUE ARDA A FUEGO LENTO!
¡INCÉNDIAME EL CUERPO
Y DESTRÓZALO VIOLENTO! (X2.)

Mi cuerpo se quema y arde.
Se enciende y vuelve a arder.
Destruyendo mi prudencia,
Forma ríos de placer. (X2.)
Mi cuerpo es una ciudad en llamas...
Ríos de placer...

9. El sexo

CLITEMNESTRA   ¿Qué miráis? (*Pausa.*) ¡Sí, me he acostado con Egisto! ¿Acaso tengo que avergonzarme? ¿Es necesaria mi vergüenza? ¡Callad lenguas envenenadas que ardéis por envidia! ¡Callad voces rumiantes que gritáis ahogadas por la sequedad y la resignación! (*Pausa. Recapacita.*) ¡Perdonad! Disculpad mi soberbia. (*Pausa.*) Dejadme que os pregunte algo como mujer y no como vuestra reina. ¿Por qué a los hombres se les permite tener romances y a nosotras se nos condena por ello? ¿En qué momento se decidió, y todos aceptamos, que solo ellos son dignos del placer por el placer?

TALÍA   ¡Oh, el placer! ¡Sensación llena de controversia!

CLITEMNESTRA   ¿Sensación llena de controversia? ¡El sexo es sexo! ¿Y yo no merezco disfrutarlo... nunca más? ¡¿Acaso no sentimos y lo necesitamos igual que ellos?! ¡Mi «yo» más animal me impele a que se lo dé! ¡Sí, soy un animal que siente y se desespera! ¿A qué animal no le gusta el placer? ¿Vuestra piel no se eriza si os susurran lascivias al oído? ¿No os excitáis si la calidez de una mano se posa sobre vuestro muslo? ¿No queréis y necesitáis seguir sintiéndoos deseadas... aunque vuestro cuerpo haya pasado los 40, los 45, los 50 o los 60 años? Si nuestro cuerpo sigue reaccionando es que estamos hechas para seguir sintiendo placer... ¡y nos lo merecemos! (*El* Coro *rodea a* Clitemnestra *y la acaricia sensualmente.*) El sexo no es solo la capacidad de reproducirse. El sexo también es disfrute. ¡El sexo es liberación!

(*El* Coro *cuenta y escenifica los diferentes tipos de acto sexual.*)

Talía	¿Ha dicho sexo?
Lisardo /Eufrosine	Sí.
Medardo	Muchas veces.
Áglae	¡Demasiadas!
Medardo	¡El sexo!
Talía	(*Escandalizada.*) ¡Por Zeus, Hécate y la diosa virgen Artemis... ha dicho la palabra...!
Todos	¡Sexo!
Áglae	¡No me parece oportuno!

TALÍA   ¡Gocemos del sexo!

MEDARDO   ¡Porque el sexo es disfrute y liberación!

TALÍA   ¡Mira, por aquí no pierden el tiempo!

               (*Señala a* LISARDO *y* EUFROSINE *que han empezado a besarse.*)

ÁGLAE   ¡Cuidado con lo que hacéis que estamos en una tragedia!

TALÍA   ¡Por eso mismo! ¡Están animando un poco la noche!

MEDARDO   El sexo se puede disfrutar de muchas maneras.

               (TALÍA *seguida de* MEDARDO *van a ver que están haciendo* LISARDO *y* EUFROSINE.)

TALÍA   El sexo puede ser suave.

ÁGLAE   El sexo puede ser impetuoso.

MEDARDO   ¡Muy impetuoso!

TALÍA   ¿Impetuoso?

ÁGLAE
/MEDARDO   ¡Fuerte!

TALÍA   ¡Fuerte, fuerte, fuerte!

ÁGLAE	«Interruptus».
TALÍA	¿Qué?
ÁGLAE	¡«Interruptus»!
TALÍA	¡Noooo!
MEDARDO	¡Siempre cortando el rollo!
TALÍA	(*Señalando a* LISARDO *y* EUFROSINE *que retoman donde lo dejaron.*) ¡Espera, que vuelven!
MEDARDO	El sexo también puede ser reiterativo.
ÁGLAE	¿A qué te refieres con repetitivo? ¿Al acto o al orgasmo?
TALÍA	¡Cuánto sabes! Yo creo que al orgasmo.
ÁGLAE	¿Y cómo sería?
TALÍA	Pues sería algo así... ay, ay, ay ayayayayayyyy, ay, ay....
MEDARDO	Para, para. Eso parece una ranchera.
TALÍA	Yo es que soy más de «orgasmo extendido».
MEDARDO	¿Ah, sí? ¿Y eso cómo es?

TALÍA	Es algo así... aaaaaay, aaaaay, aaaaaaaaaaaaaaayyyyyyy aaaaahh
ÁGLAE	Eso parece una saeta.
TALÍA /MEDARDO	¿Y tú de qué eres?
ÁGLAE	Yo soy más de orgasmos «excesivamente extendidos».
MEDARDO	¿Y eso cómo es?
ÁGLAE	¡¡¡Aaaah, aaaaaah, aaaaaaaaaaaaaaaaaaaaaaaaaaaaaaaaaahhh!!!
TALÍA	¡Corta, corta!
MEDARDO	El sexo también puede ser corto. (*Tod@s ríen.*) ¡El adjetivo «corto» no tiene nada que ver conmigo!

(Escenifican un acto sexual muy fugaz.)

TALÍA	¿Ya? ¡Más, más, más, más...!
ÁGLAE	¡El sexo también puede ser «excesivamente corto»!
TALÍA	¡Noooooooooo!
MEDARDO	¡El sexo también puede ser fuerte, lento y profundo!

TALÍA	¡Síííííí!
ÁGLAE	Frustrante.
MEDARDO	Ignorado y sustituido.
TALÍA	¡Completamente olvidado!
ÁGLAE	Reprimido.
TALÍA	¡Él!
	(*Señalando a* LISARDO.)
LISARDO	¿Yo?
TALÍA	¡Sí, tú! ¡Reprimido!
MEDARDO	El sexo puede ser solitario.
TALÍA	¡Y con más de uno!
	(*Se une a* LISARDO *y* EUFROSINE.)
ÁGLAE	¡Y con más de dos! (*Se une a* LISARDO, EUFROSINE *y* TALÍA.) ¡Y ya somos más de tres!
	(*Evita que se una* MEDARDO.)
MEDARDO	(*Decepcionado.*) ¡Una orgía, vamos!
TALÍA	(*A* MEDARDO.) ¡Vente! ¡El sexo con juguetes!

ÁGLAE   El sexo con amor.

MEDARDO   El sexo con pasión.

TALÍA   El sexo divertido.

ÁGLAE   El sexo religioso.

MEDARDO   El sexo agresivo.

TALÍA   El sexo inocente.

ÁGLAE   El sexo animal.

MEDARDO   El sexo «animal desbocado».

TALÍA   Vale, vale,... ¡Que se nos está yendo un poco de las manos!

ÁGLAE   (Al público.) Señoras y señores, disculpen tanta osadía.

MEDARDO   ¡El sexo es el poder que rige el mundo!

TALÍA   ¡Vale, lo compro! ¡Hablemos de ella!

ÁGLAE   Ella debe ser delicada.

MEDARDO   Ella debe ser hermosa.

TALÍA   Ella debe ser complaciente.

ÁGLAE   Ella debe ser amorosa.

MEDARDO	Ella debe ser tierna.
TALÍA	Ella debe ser sumisa.
ÁGLAE	Ella debe ser pasiva.
MEDARDO	¿Y cómo debe ser él?
TALÍA	Él debe ser aguerrido.
ÁGLAE	Él debe ser masculino.
MEDARDO	Él debe ser dominante.
TALÍA	Él debe ser potente.
ÁGLAE	Él debe ser activo.
MEDARDO	Él debe ser agresivo.
TALÍA	Él debe ser ¡Malote!... ¡Bravo chicos! (*Aplaude a* LISARDO *y* EUFROSINE.) ¡Gracias! ¡Habéis cumplido las expectativas! (*Al público.*) ¡Esto era ironía!
TALÍA /ÁGLAE /MEDARDO	¡Llegaréis a ser alguien!
MEDARDO	El sexo «grosso modo» provoca…
TALÍA	Rechazo.

MEDARDO	Obsesión.
ÁGLAE	Pudor.
TALÍA	Pero, ¿podemos vivir sin sexo?
TALÍA /ÁGLAE /MEDARDO	¡No!
MEDARDO	¿Reconocemos como necesidad vital el sexo?
TALÍA /ÁGLAE /MEDARDO	¡No!
ÁGLAE	¿Se hacen las mayores estupideces por sexo?
TALÍA /ÁGLAE /MEDARDO	¡Sí!
MEDARDO	Y es que cuando hablamos de sexo, lo relacionamos con algo supuestamente...
TALÍA /ÁGLAE /MEDARDO	¡Malo!

TALÍA	¡Vamos a apagar la luz porque me da vergüenza!
ÁGLAE	¡Vamos a esperar al matrimonio porque sin bendición divina es pecado!
MEDARDO	¡Practiquemos solo la postura del misionero!
TALÍA /ÁGLAE	¿Por qué?
MEDARDO	¡Porque todo lo demás es perversión!
TALÍA /ÁGLAE	¡Cierto!
TALÍA	¡Solamente por un sitio!
MEDARDO /ÁGLAE	¡Solamente!
ÁGLAE	¡Y no hagáis mucho ruido que eso no está bonito en gente de bien!
MEDARDO /TALÍA	¡Nada de ruido!
MEDARDO	¡Y sexo sin amor ni se os ocurra, que es de depravados!

TALÍA /ÁGLAE	¡Depravados!
TALÍA	Es que si te pones a pensar, el sexo lo vivimos con culpa.
ÁGLAE	El sexo es peligroso.
MEDARDO	¡El sexo es peligroso cuando no lo practicas!
ÁGLAE	Pero practicarlo en exceso…
TALÍA	¡También es bueno!
MEDARDO /ÁGLAE	¡Muy bueno!
MEDARDO	¡Pues vivamos libremente el sexo!
ÁGLAE	¡Que te gusta alguien y es recíproco! ¡Pues ahí que te vi!
TALÍA	Que te gusta alguien y no eres correspondida. ¡Ahí que te vi también! ¡No te preocupes porque hay muchas formas de disfrutar!
MEDARDO	¿Nos estamos pasando al hablar tanto de este tema, ¿no creéis?

(TALÍA, ÁGLAE, MEDARDO *piensan.*)

TALÍA /ÁGLAE /MEDARDO	(*Con actitud muy inocente.*) ¡Perdón! (*Cambian radicalmente.*) ¡Bahhh!
TALÍA	¡Si al público le encanta!
ÁGLAE	¡Yo tengo mis reparos, pero también me gusta!
MEDARDO	(*A* ÁGLAE.) Anoche me dijiste lo mismo…
ÁGLAÉ	(*A* MEDARDO.) ¡Calla!
TALÍA	(*Al público.*) Y yo aquí a la expectativa…
MEDARDO	Pero hay algo que por muchos años que pasen,…
ÁGLAÉ	Te vayas a la época que te vayas,…
TALÍA	O indagues en la cultura que indagues…
TALÍA /ÁGLAE /MEDARDO	¡No cambia!
MEDARDO	¿Qué buscan las mujeres?

TALÍA /ÁGLAE /MEDARDO	¡Ser correspondidas!
TALÍA	¿Qué buscan los hombres?
TALÍA /ÁGLAE /MEDARDO	¡Dar la talla! (*Hacen el gesto de marcar el tamaño.*) *Aparece* CLITEMNESTRA. *Ellos siguen hablando hasta que la reina los interrumpe.*
MEDARDO	(*A* ÁGLAE.) Yo ayer estuve bien, ¿no?
ÁGLAE	(*A* MEDARDO.) No estuvo mal, pero con ella me lo paso mejor. (*Por* TALÍA.)
TALÍA	(*A* MEDARDO.) ¡Para que veas! ¡Antiguo!

10. Llegada de Agamenón

CLITEMNESTRA   ¡Escuchadme todos! Mi esposo Agamenón regresa triunfante de la Guerra de Troya. ¡Preparad los aposentos para su descanso, organizad banquete y celebración para darle la bienvenida! (*Una música triunfal marca la entrada de* AGAMENÓN. *Entra* AGAMENÓN *con* CASANDRA, *quien se queda en segundo término, apartada.* CLITEMNESTRA *y* AGAMENÓN *se miran a los ojos. Por un momento, debe desaparecer el odio entre ambos y también el miedo. Por un momento, esa mirada a los ojos debe recordarles quiénes fueron, qué sintieron, cuánto tiempo ha pasado y cuántas cicatrices hay ahora.* CLITEMNESTRA *se acerca a* AGAMENÓN *que inmóvil la mira receloso. Se miran de cerca, tal vez se escape alguna lágrima. «¿Qué nos pasó?». Finalmente,* CLITEMNESTRA *lo besa y* AGAMENÓN *corresponde.*) ¡Bienvenido, Agamenón! ¡Vencedor de la Guerra de Troya! Regresas como un dios a Micenas y como un dios serás recibido.

AGAMENÓN   No provoques a los dioses.

CLITEMNESTRA   ¡Diez años desde la última vez que nos vimos!

AGAMENÓN   ¡Demasiado! Arrastramos muchas equivocaciones.

CLITEMNESTRA   ¡Claro que nos hemos equivocado! ¡Los dos hemos errado a lo largo de todos estos años!

AGAMENÓN   Demasiados obstáculos. ¡Míranos! Ya no somos los que éramos.

CLITEMNESTRA   ¡Tenemos tres hijos! El pueblo de Micenas por fin nos tiene juntos para gobernar en paz.

AGAMENÓN   Clitemnestra...

CLITEMNESTRA   ¡No quiero perder... nada más! Olvidemos lo pasado y comencemos de nuevo.

AGAMENÓN   Desde ahora soy yo quien vuelve a tomar las decisiones. (*Señala a* CASANDRA.) Te presento a Casandra, regalo troyano tras mi victoria en la guerra.

CLITEMNESTRA   ¿Osas presentarme a una esclava?

AGAMENÓN   Es una princesa y desde hoy vivirá en palacio.

CLITEMNESTRA   ¿Estás enamorado de ella?

AGAMENÓN   Gracias por estos años, Clitemnestra.

            (Comienza a irse junto a CASANDRA.*)*

CLITEMNESTRA   *(Furiosa.)* ¡¡Contéstame!! ¡¿Estás enamo-
            rado de ella?!

AGAMENÓN   *(Autoritario.)* ¡Clitemnestra, no vuelvas a
            olvidar cual es tu lugar!

CLITEMNESTRA   *(Contenida.)* ¿Y ahora?

AGAMENÓN   El trono de Micenas vuelve a tener un
            rey. ¡Yo doy las órdenes! ¡Yo gobierno
            Micenas!

CLITEMNESTRA   ¡¿Y ahora?!

            *(*AGAMENÓN *y* CASANDRA *salen.)*

11. Celos de Clitemnestra

CLITEMNESTRA   ¡En mi casa, en mi mesa y en mi cama!

EGISTO   Acaba de llegar. Deja que todo se asiente...

CLITEMNESTRA   ¡Una esclava! ¡Una princesa troyana, dice!

EGISTO   ¡Cálmate!

CLITEMNESTRA   ¡Una furcia! ¡Así me paga tantos años de sacrificio, tantos agravios y su ausencia!

EGISTO   Clitemnestra, me has tenido a tu lado cada día.

CLITEMNESTRA   ¡La ausencia de un rey, Egisto! ¡El peso del trono de Micenas sobre mis hombros mientras él jugueteaba con rameras troyanas!

EGISTO   Has sabido gobernar justamente durante Diez años. Juntos hemos superado momentos políticos difíciles y el pueblo no ha sufrido nunca la ausencia de Agamenón. ¡Por ellos debes ser fuerte!

CLITEMNESTRA	¡Ese es el problema! Ya no me quedan fuerzas.
EGISTO	En momentos más oscuros hemos salido adelante. No olvides quién eres y lo que hemos conseguido juntos. ¡Tú, Clitemnestra, reina de Micenas!
CLITEMNESTRA	¡Ahora esposa repudiada de Agamenón! ¡Jamás me había sentido tan humillada! ¿Qué será lo siguiente? ¿Desterrarme junto a mis hijas Crisótemis y Electra?
EGISTO	¡No lo permitiré!
CLITEMNESTRA	(*Mira a* EGISTO.) ¿No lo permitirás? (CLITEMNESTRA *se ríe.*) ¿Y qué harás? ¿Enfrentarte a tu primo Agamenón? ¿Al mejor guerrero de toda Grecia? ¡No eres lo suficientemente hombre! (*Pausa.* EGISTO *baja la mirada humillado.*) ¿Y qué puedo hacer yo? ¡Dime! ¡Maldito sistema que niega la voz a la mujer para luchar por lo que es suyo! ¡Maldita ciudad que recompensas la muerte y la espada del hombre y a mí me castigas con la resignación y el silencio!

(CLITEMNESTRA *se queda pensativa.*)

EGISTO	Entre nosotros nunca reinó el silencio ni la compasión. Nos apoyamos, nos creímos

y forjamos una relación sólida de escucha... de igual a igual.

CLITEMNESTRA ¡Nunca existió relación de igual a igual, Egisto! Me respetas porque soy tu reina y porque Agamenón, tu rey, es mi esposo.

EGISTO Te equivocas.

CLITEMNESTRA Si nos hubiéramos enamorado libres de toda carga y destino, como simples campesinos, ¿crees que nuestra relación sería la misma?

EGISTO *(Duda.)* Sí.

CLITEMNESTRA ¡Mientes! ¡Mientes como mentís todos los hombres!

EGISTO ¡Escúchame, Clitemnestra! Tus celos, tu dolor y tu posición te hacen desconfiar y dudar de todos. ¡No te ciegues! No es contra los hombres en general sobre los que tienes que desatar tu ira y tu resentimiento! Condicionar los grandes defectos a hombres o a mujeres te hace caer en la misma limitación que llevas años combatiendo. Me tienes a tu lado sincero, a tu lado amigo. Durante todos estos años te he demostrado mi amor y lealtad, Clitemnestra, y aunque...

CLITEMNESTRA	¡No seas blando! Hablas como una mujer. ¿Amor? ¿Lealtad? ¡¿Y qué más?! ¿Conformismo? ¿Sumisión?
EGISTO	No te entiendo. Estoy intentando acercarme a ti. Comprenderte, ayudarte...
CLITEMNESTRA	¡Basta! Aquí solo está permitido un lenguaje, Egisto,... ¡el lenguaje de los hombres! Pero yo también sé hablarlo. Ya no tengo nada que perder. ¡Jugaré con sus mismas cartas y defenderé lo que es mío como hombre!
EGISTO	¿Qué piensas hacer?
CLITEMNESTRA	¡No olvides que yo fui quien le di el trono de Micenas! (*Pausa.*) ¿Cuál es tu grado de ambición en esta vida? (EGISTO *no contesta.*) ¿Permanecerás a mi lado?
EGISTO	(*Duda.*) ¡Sí!

12. Muerte de Agamenón

Número coreográfico para representar el asesinato de Agamenón *y* Casandra *tras tomar un baño en palacio a manos de* Clitemnestra *y* Egisto.*)*

Canción «Muerte de Agamenón»
(Instrumental.)

13. Electra

ELECTRA   ¡Madre!

CLITEMNESTRA   ¿También tú vienes a juzgarme, Electra?

ELECTRA   ¡Una y mil veces por la muerte de mi padre!

CLITEMNESTRA   ¡Una y mil veces lo volvería hacer por toda la desgracia que él trajo a esta casa!

ELECTRA   ¡El mayor héroe de toda Grecia! ¡El rey de Micenas! ¡Tu esposo y mi padre! ¡Nada justifica su cruel asesinato!

CLITEMNESTRA   ¡No te dejes engañar! Admiro cómo honras su memoria con ese amor incondicional, pero apenas lo conociste.

ELECTRA   ¡Era mi padre! Con eso basta.

CLITEMNESTRA   ¡Yo te diré quién fue el gran Agamenón! ¡El ejemplo a seguir para todos los helenos! Un bárbaro, un animal, un asesino, déspota, cruel, egoísta. Un hombre sin vínculos ni afectos, un traidor a su propia sangre. Un hombre sin respeto a las mujeres, ni siquiera a las de su propia familia. Un hombre que el único amor que conoció fue el de su guerra. (*Pausa. Recapacita.*) ¡Perdóname, hija! Sé cuánto amor le profesas.

ELECTRA ¡Disculpas no, madre! Tarde llegas a llorar la muerte de mi padre.

CLITEMNESTRA ¡No lloro su muerte, y lo sabes! Lloro todo el sufrimiento que he podido causarte a ti.

ELECTRA ¡Tarde!

CLITEMNESTRA Lloro tu desapego.

ELECTRA ¡Tarde!

CLITEMNESTRA Lloro tu frialdad conmigo.

ELECTRA ¡Tarde!

CLITEMNESTRA Lloro tu falta de fe en el amor y en la familia.

ELECTRA ¡Demasiado tarde, madre! ¡Yo no tengo más familia que un hermano desterrado por ti a vagar sin patria por el mundo!

CLITEMNESTRA ¡No menciones a Orestes! (*Pausa.*) ¡Pobre hijo mío! ¡Ojalá los dioses le protejan en su...!

ELECTRA   ¿De qué te lamentas? ¡Fuiste tú quien lo alejaste de nuestro lado!

CLITEMNESTRA   ¡Para salvarlo de este trono maldito y de todos aquellos que conspiraban para asesinarlo!

ELECTRA   ¡Mentira, madre! Lo desterraste alentada por tu amante Egisto para que el trono quedase libre. La misma razón que te llevó a asesinar al gran Agamenón.

               (Pausa.)

CLITEMNESTRA   Ven aquí, hija mía. Olvida ese resentimiento y escucha mi verdad. Demasiadas voces retumban en tu cabeza. Acércate. (ELECTRA *va junto a su madre.*) Hubo un tiempo en el que este odio que le tengo a tu padre fue el amor más grande que jamás haya conocido. (ELECTRA *intenta hablar, pero* CLITEMNESTRA *la para.*) ¡Sí, Electra! Mi amor más puro fue para Agamenón. ¡Tendrías que haberlo visto cuando él y su hermano Menelao venían a pretender a mi hermana Helena! ¡El guerrero más apuesto de toda Grecia! En mi querida Esparta nos conocimos y nos enamoramos. Yo solo tenía quince años, pero como hija de rey, mi obligación estaba ligada a los deseos de mi padre y, como princesa de Esparta, me casaron con Tántalo, rey de Micenas. Pasaron los años y mi amor callado nunca perdió fuerza. Un día de tormenta hubo un gran revuelo en palacio: ¡Agamenón venía por mí! Asesinó a Tántalo y arrancó de mis brazos a mi primer hijo. Le pedí que no le hiciera daño, que él no tenía culpa. Pero algo había cambiado en su mirada. Sin la menor compasión y ante mis ojos lanzó a mi pequeño contra el suelo. Agamenón quería el trono y el indefenso hijo de Tántalo era una amenaza para él. Pero yo seguía enamorada de tu padre, Electra. Y aunque no hay un solo día en el que no me atormente ese recuerdo yo quería estar con Agamenón. ¡Solo los dioses saben de lo que es capaz una mujer enamorada! Confié en su amor por mí, lo perdoné y me casé en segundas nupcias, otorgándole el trono de Micenas. ¡Tuvimos tres hermosas hijas! Pero nada era suficiente para él. Me exigía un hijo varón para sucederle. ¡Hasta que por fin nació Orestes! Pero tampoco fue suficiente. Agamenón quería más poder. Con el rapto de mi hermana Helena encontró la ocasión perfecta para forjar su gran proeza. Y no le importó sacrificar a tu hermana Ifigenia. No le importó ausentarse de su hogar y su familia diez largos años. No le importó disfrutar de cientos de mujeres en su larga ausencia. No le importaron las grandes conspiraciones que sobre tu pequeño hermano Orestes se urdían por ocupar el trono de Micenas. Y finalmente, no le importó meter bajo nuestro mismo techo a una esclava troyana, ofrecerle mi cama y repudiarme después de tantos años de sacrificio por él.

ELECTRA   Compadezco tu pesar, madre, pero no justifico tu acción. Si tanto amor le profesabas, ¿por qué te pudo el orgullo?

CLITEMNESTRA   Mi orgullo lo pisoteó a su vuelta de la guerra. ¡Como mujer debieras entenderme!

ELECTRA   Como mujer te compadezco, madre. ¡Como hija te desprecio!

CLITEMNESTRA   ¿De qué me acusas, Electra? Agamenón asesinó tu sangre y yo, dolida y humillada, hice lo mismo. Él consumó infidelidades con centenares de mujeres y yo le he sido infiel con un hombre. Él se alejó de su familia y, quizás, yo no os di la atención que necesitabais cuando niños. ¡¿Dime cuál es mi pecado y su gran virtud?! ¿No ser el gran héroe que ganó la guerra de Troya? ¿Ser la mujer que quedó a cargo de un reino, sola, con tres hijos pequeños y dos asesinados por su propio marido? ¡Yo te diré cuál es mi pecado! ¡No nacer hombre, Electra! ¡No hay nada de cuanto hice que no le esté permitido a un hombre!

ELECTRA   ¡Jamás soporté tu victimismo, madre!

CLITEMNESTRA	Tanto odio fluyendo dentro de ti te ciega.
ELECTRA	¡Venganza es lo que corre por mis venas! ¡Impotencia al verte ocupar el trono y cederle el lugar de mi padre a tu amante Egisto!
CLITEMNESTRA	¡Electra, por favor!
ELECTRA	¿Para qué tantos lamentos, madre? Todas las acciones tienen un precio, y tu cuenta aún no está saldada.

(Se aparta y comienza a salir.)

CLITEMNESTRA	¡Electra! ¡Electra!
ELECTRA	*(Aparte.)* ¡Falso dolor de una madre que se enrosca y muerde a su presa! ¡Desde aquí os imploro, oh dioses, para que intercedáis por mí y hagáis justicia! Reniego de una madre que por codicia y lujuria se dejó llevar a los confines de la perdición. ¡Lástima de una casta sumergida en la tragedia por viles intereses de una mujer pecadora que no supo aceptar su condición! ¡Familia destrozada tras las grandes proezas en Troya! ¡Familia condenada por una mujer que no se merece el título de madre ni esposa, solo el de «condena», «castigo» y «perdición de su propio linaje»! Yo, Electra, os imploro dioses para que a través de mí recompongáis

el equilibrio natural y me devolváis con vida a mi hermano Orestes. Juntos vengaremos la muerte del gran Agamenón y devolveremos la paz al trono de Micenas. (*Sale* ELECTRA.)

CLITEMNESTRA ¡Pobre hija mía, llena de oscuridad y resentimiento! ¡Ojalá seas capaz de perdonarme para liberarte del pesar que te consume! Llevas carga que no te pertenece y nadie, excepto tú, podrá soltar los lastres que te aprisionan. Solo espero vivir para ver el día en el que puedas respirar aliviada...

14. El destino de Clitemnestra

MEDARDO   Y así Clitemnestra reinó siete años más...

EUFROSINE   Junto al hombre que ella eligió...

LISARDO   Rompiendo esquemas y enfrentándose a su mundo.

ÁGLAE   Muchos cuentan que perdió más que ganó.

TALÍA   Que las victorias no compensan los sacrificios.

MEDARDO   Y que las pocas alegrías no mitigan tanto dolor.

CORO   ¡Clitemnestra!

EUFROSINE   ¡Alejada de las costumbres de su condición de mujer!

CORO   ¡Clitemnestra!

LISARDO   ¡Alejada de las obligaciones inherentes a su estirpe!

CORO   ¡Clitemnestra!

ÁGLAE	¡Alejada de su rol de esposa y madre!
TALÍA	Decidió por ella misma y desintegró el núcleo social base del patriarcado griego.
TODOS	¡El hogar!
MEDARDO	Hogar donde la mujer vivía sometida al amparo legal del esposo.
EUFROSINE	Desarticuló un mundo de hombres al rebelarse contra el sistema patriarcal.
LISARDO	Repudió a su marido, arrebatándole el gobierno y uniéndose a su amante.
ÁGLAE	Ofendió al ego masculino al alzarse como estandarte de mujer, con autonomía y decidió su futuro con las mismas herramientas que cualquier gran héroe griego.
TALÍA	Y eso provocó en los hombres...
TODOS	¡Miedo!
MEDARDO	¡Pero los delitos hay que pagarlos!
EUFROSINE	Y Clitemnestra sufrió las consecuencias...
LISARDO	...A través de sus hijos Electra y Orestes.
ÁGLAE	Electra, guardiana de los valores del linaje, la familia y el patriarcado alentó a

su hermano Orestes para asesinar a su madre.

TALÍA   Orestes, presionado por la sociedad, la tra-
             dición y el peso de la historia arrebató la
             vida a Clitemnestra, su madre.

MEDARDO   Orestes, finalmente, salió exculpado en
             un juicio divino de su matricidio.

EUFROSINE
/LISARDO   ¿Juicio divino?

TODOS   ¡Juicio de hombres!

15. El sueño de Clitemnestra

CLITEMNESTRA   Ayer soñé con un gran navío en alta mar surcando sin miedo las olas de la incertidumbre. El tajamar se abría paso en un océano negro donde las frías gotas salpicaban el mascarón de proa. Allí, una hermosa figura miraba desafiante el horizonte. Un navío fuerte y poderoso hecho de maderas nobles. Un navío solitario sin miedo a la inmensidad.

CORO   El barco se dejó llevar por la Tramontana, el Gregal, el Bora y el Garbino y no pisó más tierra firme que el polvo seco que el Siroco trajo hasta su cubierta. Las olas azotaban con dureza la embarcación que luchaba por permanecer sobre la superficie de un mar embravecido. El temeroso espíritu del bajel dudó en suplicar ayuda a los dioses para alcanzar vientos favorables, pero desechó la idea. ¡Los dioses no evitan el sufrimiento ni la impotencia ante míseras acciones! ¡Anecdóticos dioses de oro y mármol!

CLITEMNESTRA
/CORO ¿Para qué rezar a unos dioses que no existen?

CORO Entonces, el navío amarró su orgullo al palo de trinquete y encadenó sus miedos al palo de mesana. Luego se aferró con fuerza al palo mayor y sostuvo su identidad junto a las velas en pos de un nuevo horizonte.

Canción «Valiente libertad»

En el tiempo que me dieron tantos años de existir
Jugué el difícil juego de la vida.
El mar en calma olvida el violento oleaje,
Pero yo no quiero olvidar mis caídas.

Sigo hacia adelante, con fuerzas mi camino.
Con firmeza paso a paso... el incierto destino.

Nadie me enseñó las reglas,
Nadie, nadie me enseñó a vivir
Pulso a pulso cada día.

Valiente camino, me pierdo,
Sonrío, me quiebro.
Hoy me quiero valiente...
¡Valiente en mi caminar!
Hoy me quiero segura...
¡Valiente libertad!

CLITEMNESTRA   Desde aquí te digo: ¡vete! ¡Vete lejos! ¡Vete lejos y no mires atrás! Vete lejos atravesando océanos y encuentra lo que aquí te es negado! Un país sin cartón en las entrañas ni moral acorsetada te espera más allá de estas costas donde la arena está mezclada con las cenizas de tantos linajes callados. ¡Vete y que nadie se interponga en tu camino! ¡Confía y sé valiente! ¡Muchos seguirán tu estela para alcanzarte allá donde vayas!

Canción «Valiente libertad» (*Continuación.*)

Juguemos como niños que no temen.
Seamos viento que avive la lumbre.
Vida que pisa y no muere...
Los mares de la incertidumbre.
La marea se reinventa
En continuo aprendizaje.
¡Yo no olvido mis caídas!

Valiente camino, me pierdo,
Sonrío, me quiebro.
Hoy me quiero valiente...
¡Valiente en mi caminar!
Hoy me quiero segura...

¡Valiente libertad!
¡Valiente!

16. Final Clitemnestra

CLITEMNESTRA Yo, cargada de piedras acepto mi final. Mi final enaltecido. Mi final musitado. Mi final transgredido. Mi final desorbitado. Mi final yermo. Mi final valiente. Mi final demonizado. Mi final certero. Mi final doliente. Mi final regio. Mi final beligerante. Piedra sobre piedra construyo un final escrito con sangre, lágrimas, menstruación, sexo, celos, mentiras, soledad y placenta. Piedras sin vida que luchan por ser útiles. Piedras fuertes y pesadas, ya inservibles, pero pilares de una leyenda hecha mujer. Yo, Clitemnestra, hija de Leda y Tindáreo. Yo, mujer, siempre fiel a mí misma, jamás relegada al servicio de un hombre. Yo, mujer, esposa, hija, viuda y madre. Yo, Clitemnestra, reina de Micenas.

Oscuro final

Palabras del autor

Clitemnestra nos muestra la revisión del mito clásico huyendo de la tradición machista de la historia. Rescatamos a una mujer víctima de una sociedad consolida por y para los hombres, una mujer rebelde con el sistema, adelantada a su tiempo y tildada, por tanto, de cruel y perversa a ojos de los hombres.

La obra da voz a esta mujer que nos relatará en primera persona su mundo, sus pasiones, sus fracasos y sus triunfos. Un recorrido a través de la vida de Clitemnestra pasando por los momentos más relevantes de su historia: su matrimonio con Agamenón, el sacrificio de su hija Ifigenia, el romance con Egisto, la Guerra de Troya o la relación con su hija Electra.

A través de la danza y la música, con especial importancia del flamenco, y la interpretación como eje, daremos voz y vida a esta fascinante mujer, respaldada por una estructura de coro clásico reformulado y una puesta en escena que busca la multidisciplinariedad como vehículo para llegar al público actual. La figura de la mujer en la historia... ¿cuánto ha cambiado y en qué lugar nos posiciona su forma de vida?

La mujer en la literatura clásica: Clitemnestra.

Nacer mujer es, de por sí, toda una aventura y, desgraciadamente, en algunas culturas supone una condena.

El papel de la mujer a través de los siglos ha sido el determinado por el hombre. Los breves brotes de rebeldía femeninos fueron rápidamente apagados por una sociedad hecha por y para hombres. Precisamente aquellas mujeres, no todas, que fueron rebeldes con el sistema en el que vivían... fueron consideradas por la sociedad como malas y perversas.

De esta manera, nuestra protagonista Clitemnestra, es presentada por la historia como una mujer cruel donde las haya o, al menos, así fue descrita por plumas envenenadas que habían de confiar su obra a la inmortalidad, tintas sombrías que rezuman auténtico odio por el género femenino. Clitemnestra, entre otros personajes femeninos de la literatura clásica, ha sido estereotipada como una mujer cruel no solo por asesinar a su esposo por la espalda mientras lo ayudaba a darse un baño después de su regreso de la victoria contra Troya, sino además por su infidelidad y por seducir a su amante para que la ayude a perpetrar el crimen. Ésta ha sido la lectura más frecuentada. Generalmente, se trata de una lectura surgida de las lecturas ya instituidas o canonizadas a través de los siglos, pero no corresponden a la naturaleza mitológica de la creatividad homérica.

En Eurípides, por ejemplo, el origen del pecado de Clitemnestra radica sobre todo en su «virilización», lo cual significaría por un lado el cometer adulterio, y por otro, atreverse a matar a sangre fría. Actos que, desde la lectura euripideana sobre la obra de Homero, solo podían estar permitidos para los hombres. La infidelidad, desde esta misma línea, era una cuestión que se sujetaba a los patrones de normalidad entre los hombres, aunque en los tiempos de la narrativa homérica comprendía también a las mujeres. Más aún, el rapto, la violación y el homicidio en Eurípides cobran un significado de valor y fuerza masculinas, una audacia intrínseca a la virilidad que se permitía para la consecución de la justicia reservada a la venganza particular de los varones de la familia o para la supervivencia de la polis. Específicamente, el homicidio era perpetrado por los hombres como una cuestión que respondía a la obligación de vengar una ofensa, de acuerdo a los mandatos de los dioses o a una cuestión de sacrificio necesario para lograr una bendición divina, al margen de los crímenes de guerra.

La *Clitemnestra* de Esquilo, por el contrario, es un ser codicioso que pretende tiranizar la ciudad, en beneficio exclusivamente privado. No le importan los medios a los que tenga qué recurrir para la consecución de su fin, y en ello va la vida de su propio esposo. El Coro lo manifiesta explícitamente: «está claro, el preludio es de un golpe para hacerse del poder».

Y continúa colgándole reproches como «soberbia», «mala hierba», «ponzoña que ha bebido» y «altanera». Sin embargo, Esquilo no pinta una Clitemnestra tonta y de vista corta, sino mala. La necesita inteligente, además, porque la inteligencia de la mujer la asocia con esa soberbia y altanería, que en el hombre la califica de prudencia, de tal suerte que resulta aún más odioso el personaje femenino, al virilizarse con estas actitudes. «Has hablado, mujer, con gran prudencia, como a varón prudente corresponde».

La maldad de Clitemnestra: su máscara de generosidad al aceptar alojar en su palacio a la amante y esclava de su marido y ofrecerles un banquete, junto a algunos de los guerreros que acompañaban al rey Agamenón, las perversas intenciones que la animan a cometer el asesinato, su frialdad, su falta de escrúpulos, responden al funcionalismo literario de Esquilo en simbiosis con su ginecofobia, más tarde adoptado por Eurípides. La Clitemnestra de Homero no es la Clitemnestra de Esquilo. Es el deseo genial esquíleo de encontrar una maldad exclusivamente femenina e hilvanar las miserias que la revelan. Para Esquilo, en olvido estratégico de la naturaleza humana, su *Clitemnestra* es una fuente de violencia y codicia, de odio y egoísmo, es el mal emanado de la parte corrupta de la doble naturaleza del ser femenino, el origen del mito de la perversidad mujeril activa frente a la bondad maternal pasiva, la amante infiel y asesina frente a la esposa amorosa y abnegada, y... todas las demás dicotomías que por los siglos de los siglos han pretendido la despersonalización de ese inextricable individuo llamado mujer.

Desde ese lugar de reivindicación del propio ser humano libre de condición o género nace esta *Clitemnestra*, que grita justicia. Grita ser escuchada y juzgada, consciente de sus errores y sus aciertos, pero siempre condicionada.

José María del Castillo.

Esta primera edición de *Clitemnestra*,
de José María del Castillo, terminó de imprimirse
en febrero de dos mil veinticuatro,
en Madrid.